Terry el Trepador salva al delfín

Escrito por Tali Carmi
Ilustrado por Mindy Liang

Obsequios y juegos educativos en línea gratuitos están disponibles en mi sitio web.

www.thekidsbooks.com

¡Disfrutar!

Terry el Trepador salva al delfín
Tali Carmi

Copyright © 2015 por Tali Carmi

Todos los derechos reservados.
Ninguna parte de este libro puede ser utilizada
o reproducida de ninguna forma
sin la autorización firmada y por escrito del autor,
a excepción de su inclusión como cita
o referencia en algún artículo o crítica.

Primera Edición - 06/2015

Información del contacto:

Website: www.thekidsbooks.com
Twitter: tbcarmi
Facebook: Tali.Carmi.Author
LinkedIn: Tali Carmi
email: tcarmi@naharsite.com

ISBN 978-965-7724-24-8

Terry el Trepador
salva al delfín

Escrito por Tali Carmi

En estas vacaciones de verano, Terry se fue de campamento con sus padres a una reserva natural marina. En su primer día estaba tan emocionado que se despertó súper temprano y buscó el árbol más alto para treparlo. Después de todo, todos lo llamaban "Terry el Trepador" porque adora trepar a los árboles. Quería descubrir la disposición del terreno y eso solo podía hacerse desde lo alto.

Terry usaba sus binoculares para mirar los alrededores. En cualquier dirección que miraba podía ver diferentes tonos de azul. No muy lejos de la playa vio algo que saltaba fuera del agua y después volvía a caer. Había un grupo de delfines saltando, jugando y haciendo ruido entre ellos. Era como si compitieran para ver quién era el que saltaba más alto.

Había un delfín pequeñito nadando cerca de su mamá. Saltaba tanto como podía, pero como aún era bebé no podía llegar tan alto. Terry se reía de sus trucos en el agua y decidió llamarlo Dido. Su mamá lo miraba y le enseñaba todo sobre el mar. Terry se dio cuenta de que los delfines bebé eran como los niños chiquitos que trataban de actuar como si fueran más grandes.

Terry quería ser amigo de Dido y jugar con él. Rápidamente se bajó del árbol y corrió al muelle donde se quedó parado y saludó a los delfines. "¡Hola!", les gritó Terry. "¡Acérquense y jueguen conmigo!". Se puso a brincar y brincar para llamar la atención de los delfines y cuando finalmente le pusieron atención, sentían tanta curiosidad por Terry como Terry sentía por ellos.

Los adultos vacilaban y poco a poco nadaron alejándose de la playa. Pero Dido se concentró en Terry y rápidamente comenzó a nadar hacia él. Quería ver más de cerca a esa extraña criatura que estaba fuera del agua parada en dos pies. Nunca había visto algo así antes.

Conforme Dido se fue acercando al muelle, no se dio cuenta de que dentro del agua había una red de pescadores. Continuó nadando y pasó a través de un agujero en la red. Su mamá trató de acercarse rápidamente pero el agujero era demasiado pequeño para que ella pudiera pasar por ahí. Su mamá estaba muy angustiada porque no podía ayudarlo.

Cuando Dido se dio cuenta que estaba atrapado en la red, silbo a su mamá para pedirle ayuda pero ella no podía ayudarlo. "¡Ay no!", dijo Terry, "se supone que esta red no debería estar aquí y ahora has quedado atrapado". Dido silbó tristemente. Terry era buen nadador en la alberca de su casa pero aquí se trataba del mar y no había salvavidas en los alrededores.

Terry trepó muy alto y miró a través de los binoculares. Ahora sí pudo ver el bote del guardabosques. Agitó los brazos para llamarlo, pero el bote estaba tan lejos que no podía escucharlo. De modo que Terry tuvo otra idea. Muchos de los pájaros estaban sobre las ramas más altas del árbol. Terry agitó el árbol y todos los pájaros volaron hacia el cielo y el mar dando graznidos.

"¡No te preocupes! Voy a pedir ayuda; no te abandonaré". Terry miró a su alrededor. Aún era muy temprano y no había nadie en la playa. Utilizó sus binoculares para buscar a alguien por ahí pero no pudo ver a nadie que le prestara ayuda. Se le ocurrió una idea. Treparía a un árbol para poder ver mejor.

Afortunadamente, la bandada de pájaros llamó la atención del guardabosques y vio a Terry agitando los brazos desde el árbol. Sabía que ese chico trataba de decirle algo, así que él también agitó los brazos y le dio la vuelta a su bote en dirección del muelle. Terry vio que el guardabosques entendió y bajo del árbol para esperarlo en el muelle.

Cuando el guardabosques se acercó vio al delfín atrapado en la red. "Oiga guardabosques", le dijo Terry, "me llamo Terry, ¡por favor, ayude a este pequeño delfín!".

"Hola Terry, yo me llamo Roger, soy el guardabosques de la reserva natural marina. Esto es muy triste, los pescadores dejan sus redes sueltas y los delfines quedan atrapados en ellas . Pero no te preocupes, lo voy a ayudar".

El guardabosques se puso el visor, el tanque de oxígeno y su traje de buzo. Agarró su cuchillo para poder cortar la red y saltó al agua, nadando hacia donde estaba Dido. Con cuidado cortó la red para no lastimar al delfín. Dido dejó de estar asustado ya que entendió que el hombre estaba ahí para ayudarlo.

Después de quedar libre, Dido nadó directamente hacia su mamá. Estaba muy cansado y débil, pero ahora su mamá estaba a su lado. Ella nadó por debajo de él y le ayudó a salir a la superficie para respirar. Terry se dio cuenta de que los delfines respiran igual que las personas, pero como mamíferos marinos que son, pueden estar bajo el agua por largos periodos de tiempo.

Terry miró cómo los delfines se reunían nuevamente. Estaban brincando y haciendo sonidos alegres justo como antes. Estaba feliz por ellos pero también estaba triste. "¿Por qué estas triste?", le preguntó el guardabosques. "Gracias por la ayuda, estoy muy contento de que el delfín esté a salvo, pero estoy triste porque no pude jugar con él", le contestó Terry.

Terry le recordaba a Roger como era él mismo cuando pequeño. Quería jugar con los delfines también. Se le ocurrió una idea. "Aún puedes jugar con el delfín, déjame enseñarte", le dijo. Roger lo dio un salvavidas, un visor y un aro salvavidas. "¡Ponte esto!", le dijo a Terry mientras le ayudaba a ponerse el visor. Roger tomó una pelota y ambos brincaron al agua.

Roger aventó la pelota hacia Dido y el pequeño delfín entendió inmediatamente el juego. Utilizó su nariz para aventar la pelota de regreso. "¡Eres muy listo!", le dijo Terry riendo con alegría. "Ahora si podemos jugar de verdad". Dido le silbó a Terry, como si también se estuviera riendo con él.

"Terry, eres un héroe", le dijo Roger. "¿Quisieras ser mi ayudante esta semana?"

"¡Sí!", le contestó Terry con mucha alegría. Decidió que cuando creciera también sería guardabosques para ayudar a los animales que lo necesitan y a enseñar a las personas a mantener seguro el medio ambiente. "¡Estas vacaciones serán verdaderamente especiales!", dijo sonriendo.

¡Gracias por comprar este libro!
Usted es bienvenido a visitar mi sitio web,
juegue juegos educativos en línea gratis y descargue regalos gratis.

¡Disfrutar!
www.thekidsbooks.com

Más libros en la serie **Terry el Trepador**

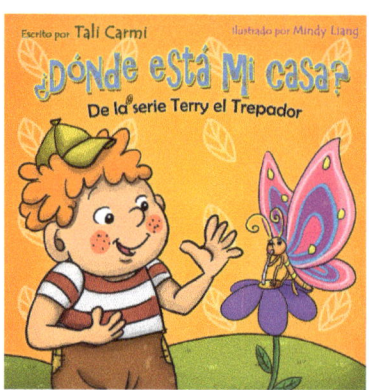
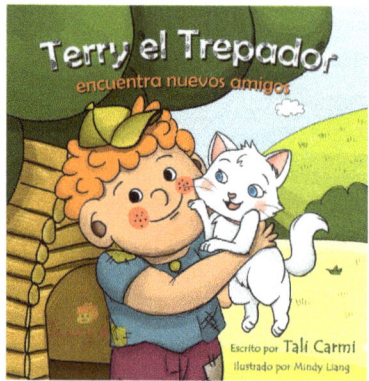
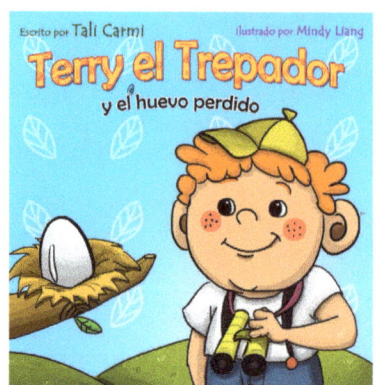
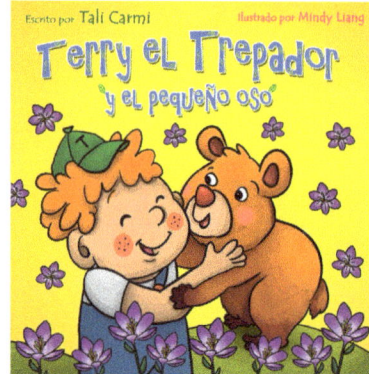
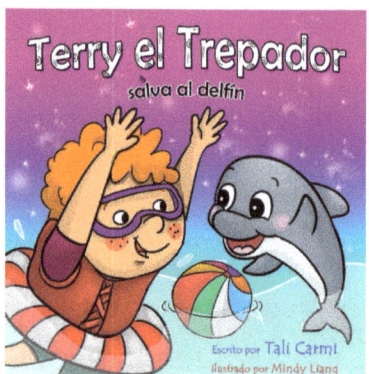

www.ingramcontent.com/pod-product-compliance
Lightning Source LLC
Chambersburg PA
CBHW062024050526
44107CB00105B/881